RECUEIL

DES

USAGES RURAUX

DE

l'Arrondissement de Vitré

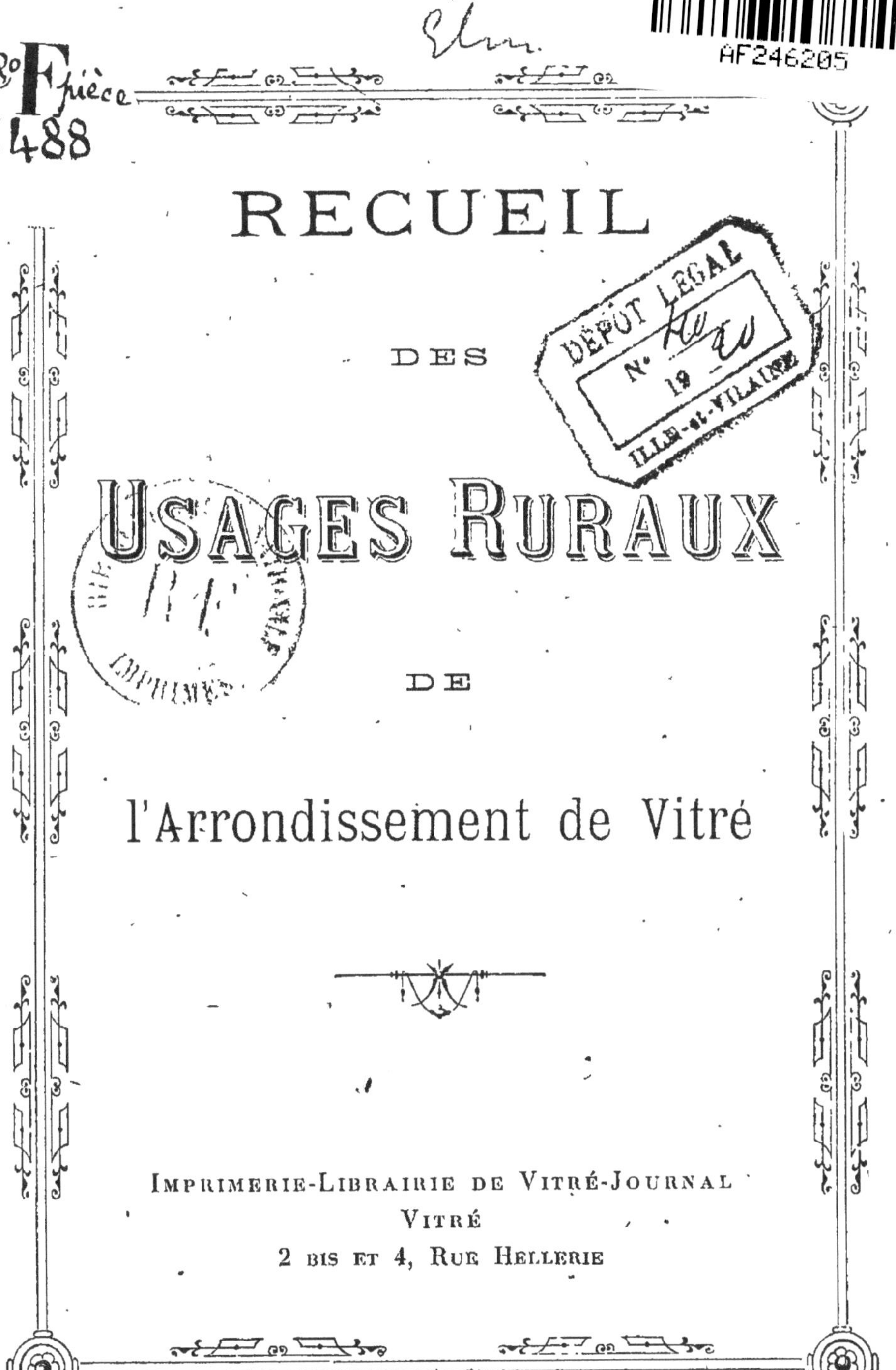

IMPRIMERIE-LIBRAIRIE DE VITRÉ-JOURNAL
VITRÉ
2 BIS ET 4, RUE HELLERIE

RECUEIL

DES

USAGES RURAUX

DE

l'Arrondissement de Vitré

IMPRIMERIE-LIBRAIRIE DE VITRÉ-JOURNAL
VITRÉ
2 BIS ET 4, RUE HELLERIE

RECUEIL

DES

USAGES RURAUX

DE

l'Arrondissement de Vitré

CHAPITRE Ier

Usages généraux applicables aux modes d'affermage. — Étendue du bail. — Entretien de la chose louée.

ARTICLE 1er

Pour la majeure partie des propriétés rurales, le bail commence et finit au 23 avril; pour les autres il commence et finit soit au 1er novembre, soit au 29 septembre, jour Saint-Michel.

Pour les baux du 1er novembre, le déménagement et l'emménagement n'ont lieu que le lendemain, et le surlendemain si c'est un dimanche; pour les autres termes, au contraire, l'entrée et la sortie ont lieu le jour même à midi, à moins de jour férié, auquel cas le déménagement et l'emménagement sont également ajournés au lendemain.

La durée du bail fait sans écrit et de la tacite reconduction est de trois ans, et il suffit à celle des parties qui veut faire cesser la jouissance de donner congé à l'autre un an d'avance.

ARTICLE 2

Le bail à ferme ou à colonie partiaire ne comprend ni le droit de chasse ni le droit de pêche.

ARTICLE 3

Le fermier entretient le lieu en bon état de réparations locatives.

Ces réparations s'appliquent conformément à l'article 1754 du Code civil, notamment :

Aux âtres, contre-cœurs, chambranles, tablettes de cheminées, aux murs, terrasses intérieures, aux enduits et blancs à l'intérieur des appartements et lieux d'habitation ;

Aux pavés et carreaux des chambres et greniers lorsqu'il y en a seulement quelques-uns de cassés ;

Aux vitres, à moins qu'elles ne soient cassées par la grêle ou autres accidents de force majeure dont le locataire ne peut être tenu.

Aux portes, croisées, planches de cloison ou de fermeture de boutiques, gonds, targettes et serrures (néanmoins aucune de ces réparations n'est à la charge du fermier quand elles ne sont occasionnées que par vétusté ou force majeure).

Elles s'appliquent aussi à l'entretien :

De l'aire des maisons, étables, celliers et greniers en terre, du carrelage du four, de l'aire à battre les grains ;

Des couvertures en paille et en ardoises (le propriétaire, pour ces dernières, comme pour celles en essendes, fournissant les matières) ;

Des échelles, barrières, échaliers, mangeoires ou crêches, du pressoir, du moulin à pommes et accessoires.

Le fermier est aussi chargé de la confection des échelles, barrières et échaliers neufs, avec le bois fourni par le propriétaire, debout tant pour cette confection que pour les réparations dont il vient d'être parlé ; ledit fermier aura tous les déchets à titre d'indemnité.

Ce dernier doit encore l'entretien :

Des haies, fossés, rigoles, des cours, chemins d'exploitation ;

défense lui est faite de déposer des fumiers contre les bâtiments et d'y laisser croître les lierres et ronces.

S'il y a de la pierre éparse sur les pièces de terre du lieu, le fermier doit la serrer, charroyer, étendre, en commençant par les cours afin d'en remplir les cavités.

L'usage met encore à la charge des fermiers et locataires :

Le ramonage des cheminées ;

Le nettoyage des vitres ;

L'entretien des poulies et margelles des puits ;

L'achat et l'entretien des cordes de puits ;

Les réparations aux fourneaux et lavoirs, dalles, éviers ;

Le lessivage des peintures et leur renouvellement s'il y a faute imputable au locataire ;

Le remplacement des tapisseries si elles ont été abîmées par ce dernier ;

Le nettoyage des appartements, caves, greniers ;

La réparation des devants de cheminées ;

L'entretien et la réparation des filets et cordes de jalousies ;

La réparation et l'entretien des allées de jardins, des bordures ;

La taille des arbres fruitiers, haies et lices ;

La réparation des treillages.

Dispositions particulières aux meuniers

ARTICLE 4

Les édifices contenant les moulins et les bâtiments qui en dépendent sont soumis, pour les réparations locatives, aux mêmes règles que les maisons d'habitation, et, de plus, aux réparations ci-après :

1º Celles des palées des moulins à eau ;

2º Les réparations des vannes ;

3º Celles des tournants et travaillants ;

4º Celles des ustensiles et objets mobiliers servant à l'exploitation du moulin, lorsqu'ils n'appartiennent pas au meunier ;

5e Celles des digues destinées à retenir l'eau, à l'exception des chaussées des étangs, qui sont réparées par le propriétaire;

6° L'enlèvement des atterrissements et le curage du bief.

ARTICLE 5

Aucune des réparations réputées locatives n'est à la charge des locataires ou fermiers quand elles ne sont occasionnées que par vétusté ou force majeure.

ARTICLE 6

Le propriétaire doit exiger lui-même les réparations locatives du locataire ou du fermier sortant. Le locataire ou le fermier entrant ne lui est jamais subrogé à cet égard sans une délégation expresse.

ARTICLE 7

Il n'est accordé aucun délai d'usage au locataire ou au fermier sortant pour faire les réparations locatives dont il est tenu. Sauf le cas de force majeure, elles doivent être terminées avant le jour de sortie; sinon le locataire ou le fermier sortant est obligé d'en payer la valeur, à dire d'experts.

ARTICLE 8

L'action du propriétaire contre le locataire ou fermier sortant se prescrit par un an, à compter du jour de la sortie.

ARTICLE 9

Le fermier doit également entretenir les nouvelles haies et plantations d'arbres fruitiers qu'il plaît au propriétaire de faire faire.

ARTICLE 10

Il doit avoir sur la ferme, pendant toute l'année, un nombre d'hommes et de femmes suffisant pour la bien cultiver.

ARTICLE 11

Tout fossé séparatif d'un autre héritage est établi et

entretenu de manière à faciliter l'écoulement complet des eaux du fond supérieur.

Il a un mètre de largeur y compris le « pas de bœuf », la haie réparée : cette mesure prise au niveau du sol du voisin (sauf dans le canton de Retiers : o m. 85), 28 centimètres au fond et, si cela est possible, jusqu'à un mètre de profondeur.

Ce fossé emporte toujours, qu'il s'agisse de terres arables, prés ou jardins, une bande de terre appelée comme il est dit ci-dessus « pas de bœuf », large de 17 centimètres, destinée à soutenir les terres de l'héritage voisin et à faciliter sa culture.

En cas de suppression de la clôture, ce « pas de bœuf » revient de droit au propriétaire du fossé; mais, tant qu'elle existe, l'usage en permet le parcours et le pâturage exclusifs au propriétaire limitrophe.

L'usage autorise ce propriétaire lorsqu'il veut faire une haie perpendiculairement audit fossé, à continuer la clôture dans le fossé jusqu'à la haie dont il dépend, au moyen d'une petite barrière en bois ou en épines et même en prolongeant sa haie ; mais à la charge, dans ce cas, d'y pratiquer au besoin un canal pour l'écoulement des eaux et de garnir le prolongement de cette haie d'épines vives, afin d'empêcher tout passage d'une propriété sur l'autre.

Les haies et fossés sont réparés lors de la coupe du bois émondable et plus souvent s'il en est besoin.

Toute haie qui sépare des héritages doit avoir au moins 1 mètre 5o centimètres de hauteur et un mètre de largeur ou épaisseur.

ARTICLE 12

Pour déterminer la propriété d'un arbre placé sur le bord d'un fossé, on observera l'axe de cet arbre à la base du talus, en suivant le mesurage indiqué ci-dessus.

Si, de la haie à l'axe il n'existe qu'un mètre, il sera réputé mitoyen ; au-delà, il sera reconnu appartenir au propriétaire voisin, sauf possession prouvée par ce dernier.

ARTICLE 13

Le fermier doit tremper la soupe aux ouvriers de tous états employés aux constructions, réfections et réparations, sans autre indemnité que les copeaux des bois travaillés sur la ferme.

ARTICLE 14

Le fermier fait gratuitement, avec ses voitures et attelages, l'approche à pied d'œuvre de tous les matériaux nécessaires aux constructions, réfections et réparations des bâtiments servant à son habitation et à l'exploitation de la ferme. Il va chercher la chaux, la brique et l'ardoise, le sable, le bois ; en un mot tout ce qui est utile, dans un rayon de deux myriamètres de distance (sauf la pierre dans un rayon d'un myriamètre).

Le fermier qui n'a pas d'attelage n'est tenu à aucun charroi.

ARTICLE 15

Tout propriétaire ne pourra imposer, sans indemnité, des charrois à son fermier pour constructions nouvelles dans les deux dernières années qui précèderont sa sortie, et si son départ était provoqué par une cause majeure : congé, résiliation, décès, il y aurait lieu à indemnité par le propriétaire.

ARTICLE 16

Le fermier emploie à la nourriture du bétail ou à l'amélioration du sol, sans pouvoir en rien distraire. même à sa sortie, les foins, pailles, genêts, ajoncs, litières ; en un mot tous les fourrages et engrais.

Les foins de friche même ne peuvent être enlevés.

Toutefois, si le sortant ne doit rien, les quantités laissées lui seront payées ; exception est faite pour les cendres, charrées, matières fécales, dont le sortant pourra disposer.

En cas d'enlèvement, l'indemnité due sera du tiers de la valeur des foins, pailles, etc., qui auront été distraits.

ARTICLE 17

Les jardins sont principalement consacrés aux légumes et l'excédent est cultivé en plantes fourragères : choux, racines, pourvu que les plantes fourragères n'excèdent pas en étendue, dans les jardins, le tiers de leur surface.

Le fermier ne peut enlever la terre des jardins pour l'employer en engrais, qu'avec le consentement du propriétaire.

ARTICLE 18

Tous les chaumes seront fauchés sous peine d'indemnité.

ARTICLE 19

Lorsque par suite du décès d'un fermier, l'exploitation est continuée par ses héritiers, ceux-ci sont tenus de garnir la ferme de meubles, instruments aratoires et bestiaux et d'y avoir un chef de ménage et des domestiques, suivant l'importance de la ferme.

Labours

ARTICLE 20

Le fermier entrant au 23 avril pourra faire les labours à dater du 15 février ; il aura droit au tiers des jardins à partir du 1er novembre et aux engrais nécessaires.

Il aura la faculté de choisir les terres qu'il comptera prendre, mais il devra dès le 1er février en prévenir le sortant.

Il laissera à ce dernier 1/9 des terres labourables pour pâture jusqu'au terme d'avril.

ARTICLE 21

Les courtils sont assimilés aux autres terres arables, sous la déduction d'un trentième par hectare, réservé au jardinage.

Les parcelles en ajoncs ne sauraient être comprises dans l'ensemencé.

Ensemencements et récoltes

ARTICLE 22

Le tiers seulement des terres arables est semé en céréales d'hiver, à partir du 1er septembre.

En aucun cas, il ne pourra être fait de suite deux céréales sur chaumes de grains d'hiver ou de printemps, sous peine d'une indemnité équivalente à la location de la parcelle et, s'il y a choix de terre, l'indemnité sera établie sur la même base, sans toutefois que le cumul puisse être admis.

Tout excédent d'ensemencé sera payé le double de la location à l'hectare s'il dépasse le vingtième dudit ensemencé.

S'il est inférieur au vingtième, on évaluera à l'are la valeur locative possible.

Ce mode de procéder sera applicable aux trois derniers ensemencés.

Dans le premier cas, le fermier entrant pourra retenir la récolte en remboursant les semences et labours.

Le choix se fera sur la moyenne des récoltes.

Aucun chaume de blé noir ne pourra être laissé la dernière année ; tous devront être pris en froment rouge, et le fait par le sortant d'y avoir semé des coupages ne sera pas une excuse.

Le fermier sortant pourra prendre un neuvième des terres labourables en avoine, sauf dans les cantons de La Guerche et d'Argentré.

Il aura la faculté de faire de l'orge en n'excédant pas un dixième de l'ensemencé total, avec obligation de fumures et semences fourragères, mais dans aucun cas il ne pourra dépasser le tiers de l'ensemencé permis.

Si le sortant, usant de la faculté ci-dessus, fait des orges ou avoines, la semence fourragère (trèfle et ray-grass) sera payée par lui au cours, choisie par l'entrant, et ce dernier seul aura le droit de faire cet ensemencé, qui se composera de 15 kilos de trèfle à l'hectare et de 3 kilos de ray-grass, sauf dans les cantons de La Guerche, Argentré, Retiers, où il n'est point coutume de semer de ray-grass, mais bien 20 kilos de trèfle à l'hectare.

Le sortant fin avril devra tenir à la disposition de l'entrant au minimum la moitié des fumiers livrés en tas dans les cours de la ferme et mélangés dix jours avant cette époque ; quant au surplus, il fera l'objet d'un règlement ultérieur.

Faute par le sortant de mélanger les fumiers, l'entrant aura droit de le faire et de les cuber devant témoins.

Les engrais fournis pour les choux de Toussaint sont compris dans cette moitié. Les balles suivront l'avoine et appartiendront au sortant.

L'entrant pourra, dans les grains d'hiver du sortant, semer

des coupages par beau temps en février et mars ; postérieurement, il pourra semer jusqu'au 1er juin, mais non dresser ni rouler.

Le sortant devra laisser en coupages réservés, à partir du 1er novembre précédant son départ, le sixième des terres labourables ; la graine seule lui sera payée. L'entrant pourra toujours faire cet ensemencé, ainsi que cela existe, du reste, dans les cantons d'Argentré, La Guerche, Retiers.

Faute par lui de laisser la réserve indiquée, il devra une indemnité de 100 à 150 francs l'hectare, selon la qualité du terrain.

En cas de pacage seulement, l'indemnité variera entre 40 et 100 francs l'hectare.

La nature des graines sera la même que celle destinée aux orges et avoines ; en aucun cas la caillète ne pourra remplacer le trèfle.

Le fermier sortant ne pourra faire, la dernière année, aucun blé, navet, navette, vesceau, maïs et trèfle incarnat, sous peine d'une indemnité de 50 francs l'hectare, sauf pour les cantons de Retiers, La Guerche, Châteaubourg, où l'indemnité sera fixée en raison du défaut de fumure sur ces mêmes plantes. Il n'y aura pas lieu à indemnité si ces diverses cultures ont été fumées, à raison de 30 mètres cubes de fumier pur à l'hectare.

Ledit sortant devra graisser son arrière-levée à raison de 30 mètres cubes de fumier pur à l'hectare, ou engrais équivalents.

A défaut de stipulation, il devra rendre, sans indemnité, dans les cours de la ferme, pour les terres labourables, prairies et courtils d'un revenu de 60 francs l'hectare et au-dessus, 5 mètres cubes de fumier pur à l'hectare, et pour tous les immeubles d'un revenu inférieur : 3 mètres cubes.

ARTICLE 23

Si l'assolement est irrégulier et si le sortant a choisi pour son arrière-levée les meilleures terres, il sera tenu d'une indemnité double de la location à l'hectare.

ARTICLE 24

S'il y a rechaumage (indépendamment de l'indemnité fixée

article 23, pour choix de terre), il sera dû par le sortant une indemnité de 4o francs l'hectare.

Article 25

Lors de la sortie, un neuvième des terres labourables sera toléré en avoine pour compléter le tiers permis pour l'arrière-levée, sauf dans les cantons de La Guerche et d'Argentré.

Article 26

Le sortant peut faire de l'orge pour compléter son arrière-levée en n'excédant pas un dixième de l'ensemencé total, avec obligation de fumures et semences fourragères, qui seront payées par le sortant au cours choisi par l'entrant, et ce dernier seul aura le droit de faire cet ensemencé, dans la proportion déjà indiquée article 22.

Engrais

Article 27

Le prix du fumier pur est fixé à 3 francs le mètre cube.

Le prix du fumier mêlé, ayant passé par l'étable, est de 2 francs le mètre cube.

Enfin le fumier mélangé de feuilles sèches, d'ajoncs et de bruyères est de 1 franc 5o, ainsi que le terreau.

Quant au prix de la feuille serrée dans les champs, il est porté à 75 centimes le mètre cube.

Si le bail ne détermine pas la nature du fumier à rendre, le fermier sortant ne devra que du fumier mêlé.

Article 28

La capacité de la charretée de fumier est de 1 mètre cube 5oo, sauf dans le canton de Retiers : 2 mètres cubes 33o, et le canton de Châteaubourg : 2 mètres cubes.

La capacité de la charretée de paille est de 24o pieds cubes (9 mètres cubes environ).

ARTICLE 29

Le prix du foin, de la paille, pour les entrées et sorties des fermiers, est déterminé comme suit :

Les trois quarts du prix commercial, déduction faite du charroi, de l'entrée de ville et du bottelage.

La paille à litière est fixée à 75 centimes le mètre cube.

ARTICLE 30

Il est défendu d'écobuer les haies sans le consentement du propriétaire.

ARTICLE 31

Les patiences ou parelles, ivraies, chiendent, fougères, chardons et toutes plantes à graines ailées doivent être soigneusement détruites sur toute l'étendue de la ferme avant la maturité des graines ; toutes ces plantes, excepté les fougères, doivent être aussi détruites sur les haies.

A partir du 30 juin, le fermier entrant pourra, si le sortant ne fait pas ses sarclages, les faire exécuter aux frais de celui-ci, sans préjudice des dommages-intérêts qui pourraient être dûs.

Les mauvaises herbes en provenant seront portées en tas dans les chemins et ne pourront, en aucun cas, être abandonnées sur l'aire ou sur les côtés des champs.

ARTICLE 32

Il sera dû, pour le chiendent : 60 francs l'hectare au plus, en ayant égard à la valeur des terres ; pour le cousin (ou mille feuilles), l'armaroute, les chardons : 30 francs l'hectare ; pour herbes traînantes : aiguille russe, moutardier, coquelicot : 30 francs l'hectare.

Dans ces indemnités, les sarclages ne sont pas compris et pour ces derniers, les prix ci-dessus sont aussi applicables, sauf en ce qui concerne l'herbe traînante, pour laquelle le sarclage ne saurait être exigé.

Prairies

ARTICLE 33

Les prés naturels seront fumés à dater du 2 février, époque à laquelle l'entrant aura la faculté de graisser ; à cette date, en effet, les obligations imposées au sortant devront être remplies.

En l'absence de convention, le fermier sortant devra, chaque année (même la dernière année), graisser ses prairies à raison de 15 mètres cubes de fumier pur à l'hectare, ou engrais équivalents. L'indemnité ne sera applicable que sur le tiers de l'étendue de la fauche et dans les revues, pour les deux dernières années seulement.

ARTICLE 34

Les pierres et la feuille seront serrées sur les prairies et les coupages par le fermier sortant, sauf dans le cas où l'entrant couperait le bois.

ARTICLE 35

Les épigots doivent être étendus sur l'aire des prés (ils ne sont pas évalués) et s'ils ne l'ont pas été, ils doivent être représentés lors de la sortie.

ARTICLE 36

Le sortant qui, dans son dernier bail, aura converti en prairie une terre labourable ou lande, ne pourra remettre la parcelle dans son état primitif lors de sa sortie ; mais une indemnité lui sera accordée comme conséquence du droit qu'il possédait de comprendre dans son arrière-levée le tiers de cette prairie.

L'indemnité sera réglée par le propriétaire.

ARTICLE 37

Les taupes seront détruites le plus possible, les taupinières, fourmillières étendues deux fois par an ; les ruisseaux pour irriguer ou dessécher seront curés ou créés par le sortant ; enfin les prés seront roulés et entretenus dans un état d'aplanissement convenable.

ARTICLE 38

Lorsque plusieurs prés se desservent les uns par les autres, il est d'usage, conformément aux intérêts de l'agriculture, que l'exercice de la servitude soit suspendu depuis le 2 février jusqu'au 1er juillet; à cette époque, le propriétaire du pré à traverser doit fournir un passage suffisant pour l'enlèvement de la récolte.

Lorsqu'une servitude de prise d'eau existe sur un pré pour l'irrigation d'un pré inférieur, l'usage est d'en suspendre l'exercice pendant tout le mois de juin.

Plantations. — Pépinières

ARTICLE 39

S'il n'en est pas dû, le sortant peut en disposer.

Il lui est accordé pour l'enlever : pour le terme de Toussaint, six mois, pour le terme de Saint-Georges, un an.

L'indemnité de non jouissance, au profit de l'entrant, devra être largement établie. S'il en est dû et si l'obligation n'a pas été remplie, il est fixé une indemnité de 15 francs pour cent plants par année jusqu'à six ans : soit 90 francs pour cet âge, plus la valeur des jets et le coût de la plantation.

En l'absence de conventions, la pépinière due devra toujours être faite dans le cours de la première année du bail : pour les deux termes de Toussaint et de Saint-Georges.

Arbres à fruits dans les champs

ARTICLE 40

Le fermier sortant doit, à défaut de convention, les rangées de pommiers complètes dans les champs où le terrain le permet et où elles ont existé d'une façon régulière. Tout plant dépérissant ou de mauvaise venue n'accusant que 0 m 30 de circonférence doit être remplacé.

ARTICLE 41

Tout pommier non épiné, dans les pâtures, donne lieu à une indemnité de o fr. 25 ; tout retard de greffe à une indemnité de o fr. 5o à 1 fr. selon l'âge.

Toute écorchure, mais sur les jeunes sujets seulement, à une indemnité de o fr. 5o.

ARTICLE 42

Le sortant est engagé à ne faire aucune plantation la dernière année ; s'il passe outre, la plantation devra être irréprochable.

ARTICLE 43

Les fouilles devront avoir 1 mètre 20 sur o mètre 6o de profondeur.

ARTICLE 44

Tout pommier en moins sera payé à raison de 3 fr. l'un, plus o fr. 25 pour chaque année de retard de plantation, sans pouvoir excéder en totalité 4 francs.

ARTICLE 45

Le fermier ne devra labourer qu'à o mètre 6o de distance des arbres à fruits, mais la non exécution de cette clause ne pourra donner lieu à indemnité s'il n'y a pas dommage.

ARTICLE 46

A moins de stipulation spéciale dans le bail en cours, on ne pourra aussi, relativement aux pommiers, faire revivre les conventions provenant de baux expirés.

ARTICLE 47

Le gui et les autres plantes parasites sont enlevés de tous les arbres chaque année, ainsi que les gourmands, rejetons, bois mort, sous peine d'indemnité.

ARTICLE 48

Le propriétaire fait à ses frais telles plantations que bon lui semble, en indemnisant le fermier du dommage causé aux ensemencés.

Coupe des bois

ARTICLE 49

Le fermier ne peut abattre aucun arbre par pied ni branche sous le prétexte d'un élagage utile.

Les bois à émonder et soumis à des coupes réglées, sur les haies, sont abattus par sixième, chaque année, sans distinction entre les bois durs et les bois blancs ; ils sont coupés rez et régulièrement sans interruption, dans chaque haie ; cet élagage appartient au fermier, toutefois ces bois seront abattus tous les neuf ans dans les contrées où cette rotation de coupe est en usage et notamment dans les cantons de Châteaubourg et Retiers.

La coupe doit avoir lieu fin mars, sous peine d'indemnité.

Le bois planté sur le bord des routes n'est pas compris dans le calcul des sèves, le sortant a droit de le couper en trois ans.

ARTICLE 50

Les épines (ou broussailles), les ajoncs sont coupés en même temps que les bois et non plus tôt, et le fermier doit prendre le plus grand soin de ménager et conserver les renaissances et les jeunes arbres qui garnissent les haies, sans pouvoir les détruire, élaguer ou étêter.

Les haies et fossés sont réparés lors de cette coupe.

ARTICLE 51

Le sortant devra deux coupes régulières en ajoncs ; soit sur haies, soit sur aplats ; ceux de deux ans pourront être coupés ; les écots devront être taillés.

ARTICLE 52

Le propriétaire peut faire abattre tels arbres que bon lui semble, excepté les arbres fruitiers et tétards, et ce sans autre indemnité pour le fermier que celle de la réparation des haies et du dommage causé par la chute desdits arbres.

ARTICLE 53

Les bois donnés par le propriétaire au fermier sont réputés donnés en vue de l'exploitation de la ferme ; en conséquence, s'ils n'ont pas été employés lors de la sortie du fermier, le propriétaire peut les reprendre, en remboursant les frais d'abattage et de débit.

ARTICLE 54

Lorsqu'un fermier succède à un autre, il est fait une revue (montrée ou état de lieu), dont les frais sont supportés : pour moitié par le fermier sortant et pour moitié par le fermier entrant (les procès-verbaux toutefois étant à la charge de ce dernier).

A défaut de pièces, le lieu est rendu en bon état, conformément à l'article 1731 du Code civil et à l'usage.

Si le sortant est déchargé de revue, il reste responsable de sa gestion, à dater de l'acte qui le libère.

Entrée et sortie du fermier ou colon. — Baux du 1er novembre et du 23 avril.

Baux du 1er novembre

ARTICLE 55

L'entrant pourra emblaver, aussitôt la récolte de grains du sortant terminée, un neuvième des terres labourables en : navets, trèfle incarnat, coupages, vesces, et à partir du 15 septembre ledit entrant pourra également disposer du neuvième en avoine d'hiver.

Dans le cas où le sortant n'aurait aucun droit à l'arrière-levée, l'entrant sera autorisé à faire les travaux préparatoires et ensemencés à partir du 1ᵉʳ octobre sur les chaumes de blé noir, et à partir du 15 octobre sur les racines et écots de trèfle. Pour le coupage, il devra le faire dans des pièces distinctes, pour ne pas être gêné par le pâturage des bestiaux du sortant.

Ce dernier, au 1ᵉʳ novembre, dispose du cinquième des foins naturels ; le partage se fait dans la prairie. Si, par exception, le sortant n'ensemence pas, il a quand même droit à ce cinquième, mais à la condition de faire consommer le foin sur la ferme, l'excédent devant rester sans indemnité.

Relativement au terme de Saint-Michel, le sortant aura droit au sixième des foins naturels.

Pour cette même époque, ce dernier sera tenu de laisser en terres labourables un neuvième sous blé noir, un neuvième sous racines.

Pour l'ensemencé de sortie, le tout devra être parfaitement graissé.

La même obligation sera imposée au fermier partant à la Toussaint sans avoir droit à une arrière-levée.

Article 56

Le fermier sortant fauche, fane, transporte en grange, met en barge la totalité de la récolte de foin.

Article 57

Le sortant ensemence le tiers des terres labourables en froment rouge ; il ne doit pas choisir ces terres parmi les plus productives, mais les prendre selon la rotation suivie les années précédentes, évitant les morcellements, sauf celui qui pourrait être fait pour compléter l'emblure. Tout morcellement abusif emportera de plein droit une indemnité de 20 francs par parcelle et de 20 francs par hectare.

Article 58

Le sortant du 1ᵉʳ novembre paie les impôts de la manière suivante lors de son départ :

1º Dans les cantons de Vitré, Argentré, La Guerche, l'année entière expirant au 1ᵉʳ janvier ;

2º Dans le canton de Retiers, jusqu'à la Toussaint.

ARTICLE 59

L'impôt des portes et fenêtres, l'impôt mobilier et les prestations pour les chemins sont, pour l'année de sortie, payés en entier par le fermier sortant, et pour l'année suivante par le fermier entrant, bien que ces contributions soient portées sur les rôles au nom du fermier sortant.

ARTICLE 60

Les blés sont coupés rez terre aussitôt leur maturité et battus immédiatement par le fermier sortant, à ses frais, et il a droit de laisser en dépôt sur la ferme, à sa sortie, la machine à battre dont il doit se servir pour la dernière récolte, sauf dans les cantons de La Guerche et Retiers, où cette tolérance n'existe pas. Au moment du battage, les fermiers auront droit par moitié à la jouissance des hangars et granges.

ARTICLE 61

Le fermier sortant est obligé, sous sa responsabilité, de mettre en grange ou en meule, dans les lieux ordinaires, les pailles de toute nature, ainsi que les déchets ou épigots ; le fermier entrant a le droit d'assister à la confection de ces meules et de les faire lui-même, s'il le juge convenable ; s'il les fait en entier, le fermier sortant n'est plus responsable.

Cette faculté est applicable à tous les termes.

ARTICLE 62

Le sortant consomme la paille de trèfle gardée à graine, mais il laisse intactes toutes les autres pailles, sans en excepter celles d'orge, d'avoine, de sarrasin et même les déchets du battage appelés épigots.

ARTICLE 63

Les fermiers sortants devront, à défaut de vieilles pailles, se servir de celles de blé noir et prendre sur celles de froment jusqu'à concurrence du dixième, sans jamais être fondés à récompense si cette quotité n'a pas été atteinte ; mais pour la sortie de Saint-Michel il n'aura droit qu'au vingtième de même paille.

ARTICLE 64

Les cidres du fermier sortant sont faits au pressoir du lieu auquel ce dernier a droit jusqu'au 1ᵉʳ février ; ces cidres sont enlevés après leur façon.

Le sortant peut même enlever ses pommes, mais le marc de celles qui auront été pressurées devra rester sur la ferme.

ARTICLE 65

Le fermier sortant doit laisser à son successeur cent choux communs par hectare de terre, prairies et jardins.

ARTICLE 66

Le fermier doit, pendant l'année qui précède sa sortie, se comporter en tout sur le lieu comme s'il devait continuer à l'exploiter.

Le propriétaire, à cette époque, jouira de la faculté de retenir à prix d'estimation les hangars, râteliers, crêches ou valeurs quelconques laissées par le sortant, mais ce dernier devra en être prévenu un mois avant son départ.

Baux du 23 Avril

ARTICLE 67

Le fermier entrant au 23 avril a le droit de faire tous les grains de printemps l'année de son entrée.

ARTICLE 68

Si le fermier sortant prouve que, par suite d'anciens usages il n'a pas ensemencé les grains de printemps à son entrée, son droit, lors de sa sortie, se résout en une indemnité réglée par expert lors de la revue et payée par le propriétaire.

ARTICLE 69

Le fermier sortant au 23 avril paie un tiers des impôts de l'année de sortie.

CHAPITRE II

Usages applicables aux baux à colonie part'aire du 1ᵉʳ novembre ou du 23 avril

ARTICLE 70

Le colon partiaire fournit la moitié des bestiaux et semences de toute nature ainsi que la totalité des instruments aratoires nécessaires à l'exploitation.

ARTICLE 71

Tous les fruits naturels et industriels (les légumes du jardin nécessaires au ménage seuls exceptés), les produits de toute espèce (sauf les volailles), sont partagés par moitié entre le propriétaire et le fermier.

Les abeilles appartiennent à ce dernier, de même que les œufs.

Le beurre se partage entre le propriétaire et le colon partiaire.

ARTICLE 72

Le fermier exécute à ses frais et convenablement tous les travaux de culture et d'exploitation.

ARTICLE 73

Les bestiaux qui garnissent la ferme ne peuvent être employés à aucun travail étranger sans le consentement du propriétaire.

ARTICLE 74

Le propriétaire a le droit de diriger les opérations en général de la ferme à colonie partiaire, de surveiller l'exécution des travaux.

Le choix des animaux à vendre, acheter ou échanger lui appartient donc exclusivement, et dans aucun cas le fermier ne peut, sans son consentement, vendre ni échanger aucun bétail.

ARTICLE 75

Le fermier doit également se conformer à la volonté du propriétaire pour le choix des races, la quantité des élèves de toute nature et la castration des mâles, pour le choix des semences, pour la quantité et le genre des diverses cultures et pour la forme des labours.

ARTICLE 76

Le propriétaire a le choix des étalons existant dans un rayon de deux myriamètres et il supporte la moitié des frais de saillie.

ARTICLE 77

Après le battage, les grains et graines de toute espèce sont convenablement nettoyés au tarare ; les lins et chanvres broyés et teillés ; les fruits à couteau cueillis à la main ; les cidres faits à mesure de la maturité des fruits. Il ne peut être fait de petit cidre qu'avec l'agrément du propriétaire, qui en a la moitié.

ARTICLE 78

La part du propriétaire dans tous les produits doit être transportée au domicile de ce dernier, ou ailleurs s'il l'exige, mais seulement dans un rayon de deux myriamètres.

Le transport en cas de changement de fermier est fait par celui qui exploite et non par celui qui est sorti.

Le colon va chercher à la même distance les tonneaux destinés à recevoir les cidres du propriétaire ; il les nettoie, mais n'est pas responsable de leur entretien.

ARTICLE 79

Le fermier conduit à ses frais aux foires et marchés désignés par le propriétaire les bestiaux à vendre, et il remet immédiatement à celui-ci et à son domicile la moitié du prix de vente.

Les droits de péage et d'exposition aux foires et marchés sont supportés en commun.

ARTICLE 80

Le colon paie la moitié de la contribution foncière et la totalité des autres contributions.

ARTICLE 81

Les salaires du vétérinaire, du cribleur, du taupier, sont payés par moitié.

Le maréchal-taillandier et le maréchal-ferrant sont payés par le colon seul.

ARTICLE 82

Tous les amendements et engrais étrangers mis sur le lieu sont payés par moitié. Ils sont voiturés par les attelages du lieu aux frais du colon partiaire, qui va les chercher aux endroits où la vente s'en fait d'ordinaire.

ARTICLE 83

Le colon peut disposer à son profit particulier d'une quantité de pommes de terre ou d'autres racines fourragères égale à celle que le propriétaire prend lui-même pour son usage particulier, et le reste est employé à la nourriture des bestiaux.

Alors même que le propriétaire n'en prendrait pas, le colon peut toujours employer aux besoins de son ménage ce qui lui est nécessaire.

CHAPITRE III

Usages applicables aux terres volantes

ARTICLE 84

Les terres appelées volantes sont celles qui n'appartiennent pas à un corps de ferme.

ARTICLE 85

Le congé doit être signifié par les parties un an avant l'expiration du bail, qui commence et finit également au 1er novembre ou au 23 avril.

Article 86

Les pailles sont coupées rez terre et dans le cas où il serait établi que le sol aurait droit, lors de la sortie d'un fermier, à des pailles d'écot, la valeur de celles-ci représentera le quart de la récolte.

Article 87

A défaut de pièce (jusqu'à un hectare), si le fermier sortant ne justifie pas avoir reçu les parcelles volantes pleines, il devra les rendre vides. Au-dessus de un hectare, il aura droit au tiers des terres.

La paille suivra le grain et sera coupée rez terre.

Dans les cantons de Retiers, La Guerche, aucune des parcelles volantes ne devra être laissée en écot d'avoine, à moins de justifier une pareille situation à l'entrée. Elles devront être fumées dans les mêmes proportions que les terres d'un corps de ferme.

CHAPITRE IV

Bois taillis

Article 88

Les bois taillis, de quelque essence qu'ils soient, sont coupés en six ans.

Article 89

Si un aménagement autre est établi, le fermier doit le suivre sans s'en écarter.

Article 90

Les bois existant sur les haies sont coupés comme le taillis lui-même, et les haies et fossés sont réparés en même temps.

Article 91

Les bois morts ne doivent point être coupés avant le taillis.

Les feuilles, gazons, glands, les faînes ne doivent jamais être enlevés.

ARTICLE 92

Le fermier ne peut mettre des bestiaux à paître dans les bois taillis sans l'autorisation expresse du propriétaire.

CHAPITRE V

Du louage des domestiques de ferme

ARTICLE 93

Dans l'arrondissement de Vitré, le louage des domestiques commence et finit le 23 avril, à l'exception des cantons de La Guerche, Retiers et Argentré (partie), où ils se gagent le jour Saint-Jean.

ARTICLE 94

La résiliation des conventions de ce louage peut avoir lieu avant et pendant le cours de son exécution, sauf les indemnités ci-après spécifiées qui seront dues par celle dés parties qui a été la cause de la résiliation.

Si la résiliation a lieu dans les trois mois qui précèdent l'entrée au service, l'indemnité de part et d'autre est de un douzième au tiers des gages de toute l'année, suivant l'époque plus ou moins rapprochée de l'entrée en service. Si elle a lieu pendant le cours du louage et du premier mai au premier novembre inclusivement, l'indemnité, si elle est due par le domestique, est du tiers des gages de toute l'année ; si elle est due par le maître, elle est moitié moindre.

Au contraire, si la résiliation a lieu du premier novembre au premier mai inclusivement, le domestique ne doit qu'une indemnité égale au sixième de ses gages, et le maître une indemnité double. Le juge de paix connaîtra, du reste, des motifs de résiliation ou de plus grands dommages.

ARTICLE 95

Les arrhes ou denier à Dieu, à moins de stipulation contraire, font partie du prix du louage et entrent dans le calcul des indemnités fixées ci-dessus.

Article 96

La remise des arrhes ne dispense pas du paiement des indemnités.

Article 97

L'excuse tirée du fait que le domestique se marie ou apprend un métier n'est pas admissible.

Article 98

Si le fermier cesse d'exploiter, le domestique peut résilier le louage sans indemnité ou rester au service du nouveau fermier.

Article 99

Si ce dernler n'accepte pas ses services, le domestique peut exiger des dommages-intérêts du fermier sorti ou s'il est mort à ses héritiers.

Article 100

Si le successeur est héritier du fermier décédé pendant le cours de l'année, la convention du louage n'est pas modifiée.

CHAPITRE VI

Stipulations relatives aux villes et campagnes

Article 101

L'usage est de tailler les haies de jardin deux fois par an, dans les mois de juillet et de novembre.

Les haies mitoyennes sont taillées et entretenues à frais communs ; chacun des ayants-droit fait de son côté et jusqu'à moitié de l'épaisseur de la haie, les travaux nécessaires.

Les haies privatives sont exclusivement taillées par celui qui en est propriétaire ou par son ayant-droit. A cet effet, l'usage l'autorise à passer sur le fonds voisin, mais seulement aux époques fixées pour la taille, à charge de nettoyer le terrain et d'indemniser le voisin de tous dommages.

Article 102

On ne peut planter d'arbres à haute tige qu'à la distance de deux mètres de la ligne séparative des héritages et à la distance de 5o centimètres pour les autres arbres et les haies vives.

Les arbres à haute tige comprennent notamment : le chêne, le châtaignier, le noyer, le hêtre, l'orme, le frêne, le charme, le marronnier, le tilleul, l'érable, l'aune, le platane, le bouleau, l'if et les árbres résineux, en général le pommier, le poirier, le prunier, le cerisier et arbres de semblables dimensions.

Sont assimilés aux arbres à haute tige les bois taillis et ceux qui, placés dans la catégorie des arbres à basse tige, s'élèveraient de manière à porter préjudice au voisin.

Les arbres de basse tige sont : le coudrier, le sureau, le lilas, le genêt, le laurier et autres arbustes de décoration, les arbres fruitiers taillés en espaliers, pyramides, quenouilles, buissons ou de toute autre manière, les vignes, charmilles.

Sont assimilés aux arbres de basse tige les arbres de haute tige plantés en pépinière.

Article 103

Lorsque les héritages sont séparés par un mur ou par un carrelis privatifs à celui qui plante, ou mitoyens, le propriétaire et le co-propriétaïre du mur ou du carrelis peuvent planter des espaliers et cordons de vigne sans observer d'autre distance à partir du fonds voisin, que celle qu'occupe l'une ou l'autre de ces clôtures.

La même faculté existe pour les arbres taillés en éventail, les cerisiers nains, etc.

Le voisin qui n'a point acquis la mitoyenneté du mur ou carrelis et auquel son titre ne concède pas le droit d'y atta-cher des arbres, a également la faculté, dans le même cas, de planter des arbres de basse tige, espaliers, etc., en deçà de la distance légale, pourvu qu'il les attache à des poteaux ou treillages non fixés au mur ou carrelis, et à la condition de répondre de tout dommage.

ARTICLE 104

Quelle que soit la distance qui existe entre les plantations et le fonds du voisin et lors même que l'action de celui-ci pour les faire arracher serait éteinte par la prescription, il a toujours le droit de s'opposer à ce que les branches avancent sur sa propriété et il peut contraindre le propriétaire à les couper.

Dans ce cas, il est tenu de souffrir le passage sur son fonds si l'élagage ne peut se faire autrement, et sauf indemnité s'il y a lieu.

ARTICLE 105

Les fruits qui tombent sur l'héritage du voisin appartiennent au propriétaire de l'arbre.

Le voisin doit lui procurer le passage nécessaire pour les recueillir, sauf indemnité en cas de dommage.

Quant aux feuilles, elles appartiennent au propriétaire du terrain où le vent les porte.

ARTICLE 106

Celui qui fait creuser une fosse d'aisances ou un puits près d'un mur mitoyen ou non, celui qui veut y construire cheminée ou âtre, four ou fourneau, y adosser une étable ou établir contre ce mur un magasin de sel ou amas de matières corrosives, est obligé :

1° Pour une fosse d'aisances, d'établir un contre-mur de 32 centimètres à chaux et à sable.

Le mur formant les trois autres côtés de la fosse doit être également construit à chaux et sable.

Les puits ou fosses de cuisine sont assimilés aux latrines.

Indépendamment de ces précautions, toute fosse d'aisances doit être éloignée de 3 mètres au moins du puits à eau du voisin, pourvu que le puits soit premier édifié.

La distance de 3 mètres est également obligatoire pour les puits ou fosses de cuisine et les égouts à partir d'un puits à eau premier édifié.

2° Pour un puits, d'établir un contre-mur avec chaux et sable de 50 centimètres d'épaisseur.

Il est tenu en outre, si le voisin a déjà un puits de son côté, de laisser entre celui-ci et le puits qu'il veut édifier un intervalle de 3 mètres.

ARTICLE 107

Les souches des cheminées seront élevées d'un mètre au moins au-dessus du faîtage du comble.

Les tuyaux de cheminée en maçonnerie doivent être construits en brique, tant pour les languettes de face que pour celles de trédeau et cotières.

Tous les tuyaux doivent présenter un vide à l'intérieur de 25 centimètres de largeur sur 45 centimètres de longueur, mesuré entre les enduits.

ARTICLE 108

Entre les forges, fours et fourneaux et tout mur voisin il sera établi un contre-mur de 30 centimètres d'épaisseur. Le contre-mur sera isolé du mur voisin par un espace vide de 20 centimètres au moins; il devra s'étendre dans toute la largeur et la hauteur des forges, fours et fourneaux.

L'isolement ne sera point fermé par les extrémités, afin que l'air passant librement, garantisse le mur des atteintes de la chaleur.

Les fourneaux de cuisine placés près d'une cloison ou pan de bois seront garnis d'un contre-mur en brique ou en pierre, large d'au moins 10 centimètres, et si le fourneau doit être continuellemunt allumé, il sera laissé entre ce contre-mur et le pan de bois un isolement de 8 centimètres au moins.

Les souches de cheminées des fours, forges et fourneaux, auront au moins 2 mètres au-dessus du faîtage du comble le plus voisin.

ARTICLE 109

Les étuves ne peuvent être établies qu'à la distance de 5 mètres au moins de toute autre espèce de bâtiment.

ARTICLE 110

Entre une étable et le mur mitoyen il doit être fait un contre-mur de 32 centimètres jusqu'au rez de la mangeoire.

ARTICLE 111

On doit établir un contre-mur semblable pour les matières corrosives et la hauteur de ce contre-mur doit être proportionnée à celle des dites matières.

ARTICLE 112

Le voisin qui veut établir une élévation de terres jectisses contre le mur mitoyen ou privatif à l'autre voisin est tenu de bâtir un contre-mur dont l'épaisseur est fixée au tiers de la hauteur des terres rapportées, sans pouvoir être moindre de 33 centimètres.

ARTICLE 113

Les murs de clôture sont en pierre, d'une épaisseur de 50 centimètres et d'une hauteur de 2 mètres 60.

Lorsque les deux terrains contigus sont d'inégale hauteur, celle du mur séparatif doit être mesurée à partir du sol le plus élevé.

Dans ce cas, les deux voisins contribuent pour moitié, à compter du sol le plus bas jusqu'à la hauteur voulue par l'usage. Le propriétaire du sol le plus élevé fait et entretient à ses frais le surplus du mur et supporte seul les frais de l'excédent d'épaisseur, s'il est nécessaire.

ARTICLE 114

La largeur du terrain sur lequel peut s'exercer la servitude de tour d'échelle, lorsqu'elle n'est pas déterminée dans le titre, est fixée à 2 mètres pour les maisons en ardoises ou en chaume.

ARTICLE 115

La largeur déterminée pour l'exercice de la servitude du passage à toutes fins et à toute occurence est de 3 mètres en ligne droite. Cette largeur est doublée dans les détours et circuits.

La largeur du terrain affecté à la servitude de passage à pied est de un mètre.

La largeur fixée pour le passage avec civière et brouette est de 1 mètre 33. La largeur du passage affecté spécialement à la servitude de puisage est de un mètre.

ARTICLE 116

Les délais à observer pour donner congé sont fixés comme suit :

Maisons d'habitation situées dans les villes et faubourgs (quelle que soit leur importance et lors même qu'il s'agirait d'une maison entière), trois mois avant la Saint-Georges pour les loyers inférieurs à 150 francs et six mois pour ceux au-delà et à défaut de convention écrite, la durée des baux de maisons d'habitation et de jardins d'agrément est généralement d'un an pour tout l'arrondissement.

ARTICLE 117

L'assolement étant triennal, la jouissance des fonds ruraux cesse de plein droit, dans le cas de bail verbal comme dans celui de tacite reconduction, à l'expiration de chaque période de trois ans.

Mais la notification d'un congé pour les baux des fermes et métairies devient indispensable dans le cas où le bail, soit écrit, soit verbal, mais reconnu, a été fait pour 3, 6 ou 9 ans, avec faculté pour chacune des parties de résilier à l'expiration de chacune de ces périodes.

La notification d'un congé est encore nécessaire pour le cas où l'acquéreur veut user de la faculté réservée par le bail d'expulser le fermier ou locataire en cas de vente.

Le congé, dans les deux cas, est notifié un an d'avance.

ARTICLE 118

A dater de la notification du congé ou, si le bail expire de plein droit, à compter des différents délais ci-dessus fixés, suivant les cas, pour donner congé, le locataire est tenu de laisser visiter par les personnes qui se présentent les appartements et dépendances de la chose louée pour en faciliter la relocation.

Le locataire sortant doit aussi souffrir qu'un écriteau soit appendu à la fenêtre.

ARTICLE 119

Dans l'arrondissement, le locataire d'un jardin n'a droit à aucun délai pour l'enlèvement de ses légumes.

A dater du premier mars, le jardinier entrant aura le droit de préparer les parties inoccupées du jardin et d'y faire les semailles qu'il désire.

Après le 23 avril, s'il reste des légumes, ils seront payés.

Les arbres fruitiers, arbustes de toutes essences, pourront être retenus au prix d'estimation, et à défaut, enlevés.

ARTICLE 120

Dans le cas où un bail commencé au 23 avril viendrait à être résilié sans stipulation pour le 1er novembre, le sortant n'aura pas droit à une arrière-levée, il lui sera tenu compte des travaux faits.

ARTICLE 121

Lors de la sortie, s'il existe un excédent de pommiers, les bons plants ne pourront être payés plus de 3 francs.

Table Alphabétique